Prinz Oliver will sich nicht waschen

Übersetzung: Marti Smith
DTP: PLS, Congleton
für First Edition Translations Ltd
Cambridge, England

ISBN: 2 227 72157.X

Prinz Oliver will sich nicht waschen

Erzählt von Odile Hellmann-Hurpoil
Bilder von Patrick Benson

BAYARD KINDERWELT

Es waren einmal
ein König, eine Königin
und ihre zwei Kinder.

Die Bewohner des Landes waren sehr stolz
auf König Hubertus, Königin Isabella
und Prinzessin Marinetta,
doch über Prinz Oliver
schämten sie sich ein wenig.
Er war zwar immer fröhlich,
immer hilfsbereit.
Er hatte nur einen Fehler,
er wollte sich nicht waschen!
Man nannte ihn deshalb
den seifenscheuen* Prinzen.

* Dieses Wort wird auf Seite 43, Nr. 1, erklärt.

Am frühen Morgen
küßt ihn die Königin
und sagt:
– Prinz Oliver, mein Sohn,
du mußt dich waschen!
Deine Wangen sind schwarz
und deine Hände ganz klebrig!
Doch Prinz Oliver erwidert gelassen:
– Königin Isabella, liebe Mutter,
warum soll ich mich waschen,
ich werde ja doch wieder schmutzig
beim Spielen im Park.

Zur Mittagszeit fragt König Hubertus:
– Prinz Oliver, mein Sohn,
hast du dich heute gewaschen?
Und Prinz Oliver antwortet:
– Nein, König Hubertus, lieber Vater,
ich habe mich heute nicht gewaschen.
Aber letzten Monat
habe ich mir die Füße gewaschen,
das reicht doch!

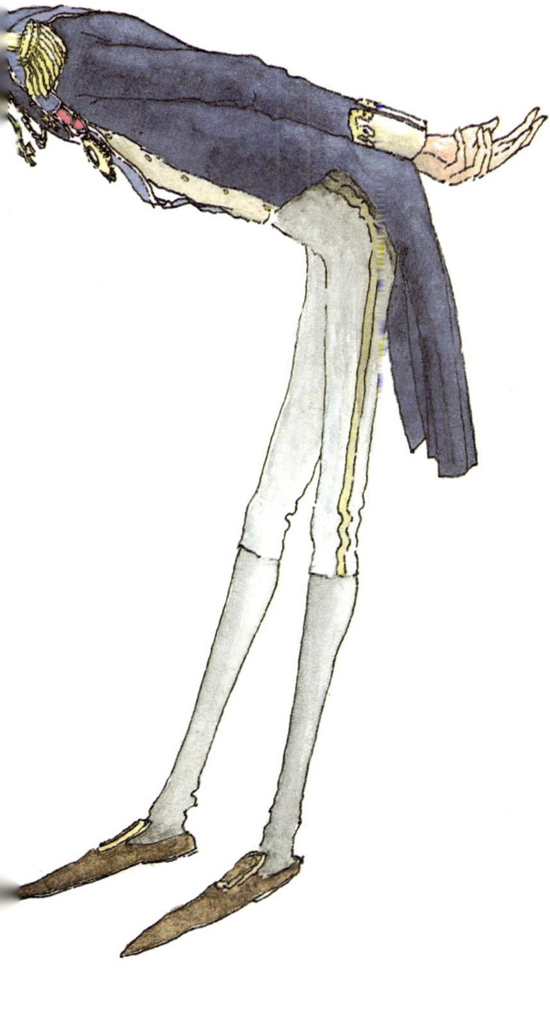

Beim Nachmittagstee
ruft Prinzessin Marinetta aus:
– Du lieber Himmel! Prinz Oliver,
mein Bruder, du hast Läuse,
und deine Ohren sind ekelhaft*!
Prinz Oliver wischt sich
seine schokoladeverschmierten Finger
am Hemd ab und antwortet:
– Prinzessin Marinetta, liebe Schwester,
ich höre gut mit meinen Ohren.
Warum soll ich sie mit Waschen
abnützen?

* Dieses Wort wird auf Seite 43, Nr. 2, erklärt.

Der ganze Hofstaat findet es traurig,
einen so schmutzigen Prinzen zu haben.
König Hubertus sagt mit strenger Stimme:
– Prinz Oliver, mein Sohn,
wenn du dich nicht wäschst,
mußt du bei den Schweinen schlafen gehen!
Doch Prinz Oliver wäscht sich nicht.
Er weiß genau, daß sein Vater ihn zu sehr
liebt, als daß er ihn zu den Schweinen
schicken würde.

Königin Isabella droht:
– Prinz Oliver, mein Sohn,
wenn du dich nicht waschen gehst,
wirst du keinen Schokoladekuchen mehr
bekommen!
Doch Prinz Oliver wäscht sich nicht.
Er weiß genau, daß seine Mutter ihn zu sehr
liebt, als daß sie ihm den Schokoladekuchen
vorenthalten würde.

Prinzessin Marinetta
will sich nicht mehr neben ihn setzen:
– Prinz Oliver, mein Bruder,
du stinkst!
Jetzt aber fängt Prinz Oliver an zu heulen.
Er ruft, das sei nicht wahr,
er stinke nicht, seine Schwester sei eine
Lügnerin, und gemein sei sie.

Prinzessin Marinetta
liebt ihren Bruder zu sehr,
um ihn weinen zu lassen.
Sie setzt sich wieder neben ihn.
Und Prinz Oliver
wäscht sich weiterhin nicht.

Eines Abends
kommt Königin Margerita,
die Großmutter des Prinzen Oliver,
ins Schloß.
Man erzählt ihr, daß der Prinz
sich immer noch nicht waschen will.

Da versammelt
Königin Margerita
in aller Heimlichkeit,
um den Prinzen nicht zu
wecken,
den ganzen Hofstaat:
den König, die Königin,
Prinzessin Marinetta,
die Leibgarde, die
Kammerdiener,
die Dienstmädchen
und die Köche.
Alle miteinander
entwerfen sie
einen genialen Plan.

Am nächsten Morgen
ist Prinz Oliver sehr erstaunt,
auf dem Frühstückstisch
schmutzige Teller und Löffel zu finden.
Er verlangt einen sauberen Teller
und einen sauberen Löffel.
Das Dienstmädchen sagt,
es gebe keine mehr,
weil sie das Geschirr nicht mehr spüle,
um es nicht abzunützen.
Und überhaupt, sagt sie, habe es
keinen Zweck, das Geschirr zu
spülen, weil man es beim Essen
ja doch wieder schmutzig mache.
Prinz Oliver findet es
wirklich widerlich, von einem
ungewaschenen Teller zu essen.

Prinz Oliver geht durch das Schloß.
Was ist denn los?
Bonbonpapierchen,
Zigarettenstummel*,
Erdnußschalen -
alles liegt am Boden.
Die Möbel sind von Staub
und Spinnweben bedeckt.
Ein Kammerdiener* geht vorbei.
Prinz Oliver sagt:
– Hier muß man reinemachen.
Doch der Kammerdiener antwortet:
– Prinz Oliver,
ich habe gestern gekehrt, und das reicht.
Und die Spinnen werden Euch
nicht auffressen.

* Diese Wörter werden auf Seite 44, Nr. 3 und 4, erklärt.

Zu Ehren der Königin Margerita
versammelt sich die königliche Familie
im Thronsaal.
Königin Isabella trägt
einen alten Bademantel
und hat große Lockenwickler* im Haar.
Ihr Lippenstift ist verschmiert
und läuft ihr das Kinn hinunter.
König Hubertus hat sich nicht rasiert.
Er trägt eine alte Wollmütze auf dem Kopf
und hat noch seinen Schlafanzug an.

* Dieses Wort wird auf Seite 45, Nr. 5, erklärt.

Königin Margerita
sieht wie eine alte Hexe aus.
Ihre weißen Haare fallen zerzaust
auf einen häßlichen, fleckigen Schal.
Ihre Zehen gucken
aus durchlöcherten Schlappen*.
Das Gesicht von Prinzessin Marinetta
ist mit Schokolade beschmiert,
und sie wischt ihre schmutzigen Finger
an ihrem rosa Kleid ab.

* Dieses Wort wird auf Seite 45, Nr. 6, erklärt.

Prinz Oliver glaubt zu träumen.
Er denkt tatsächlich,
daß alles verrückt ist im Schloß!
Daß seine Mutter, sein Vater,
seine Großmutter und seine Schwester
absichtlich so schmutzig sind!
Sie sind fürchterlich!
Und es scheint sie
nicht einmal zu stören!
Freundlich lächelnd sagt
Königin Margerita zu ihm:
– Prinz Oliver, mein Kleiner,
wir haben beschlossen,
uns nur noch einmal im Jahr zu waschen.
Das reicht vollauf!
Schließlich hast du recht,
warum soll man sich jeden Tag waschen,
wenn man doch jeden Tag
wieder schmutzig wird?
Wir können in fleckigen alten Kleidern
und ungekämmten Haaren
genauso gut schlafen und essen.

Prinz Oliver antwortet nicht.
Die Sache gefällt ihm nicht, gar nicht.
Solange er der einzige war, der sich nicht wusch, sich die Haare nicht kämmte, verschmutzte Kleider trug, fand er das ganz in Ordnung.
Aber wenn alle es ihm jetzt gleichtun, dann geht das zu weit!

Am nächsten Morgen
schließt er sich ins Badezimmer ein.
Da geht ein Raunen durch das ganze Schloß:
– Prinz Oliver wäscht sich!
Prinz Oliver wäscht sich!

Jetzt ist im Schloß wieder alles wie früher.
Das heißt, nicht ganz wie früher.
Denn man hört Königin Isabella
nie mehr sagen:
– Prinz Oliver, mein Sohn,
du mußt dich waschen!

WÖRTER AUS DER GESCHICHTE

1. **Seifenscheu** sein heißt, sich nur flüchtig und ohne Seife waschen.

2. **Ekelhaft sein** heißt, sehr schmutzig und wirklich widerlich sein.

3. Ein **Stummel** ist das Ende einer Zigarette oder Zigarre, die man fertig geraucht hat.

4. Ein **Kammerdiener** ist der Diener eines Prinzen oder Königs. Er trägt besondere Kleidung, die man Livrée nennt.

5. **Lockenwickler** sind kleine Röllchen, die man sich ins Haar wickelt, damit es lockig wird.

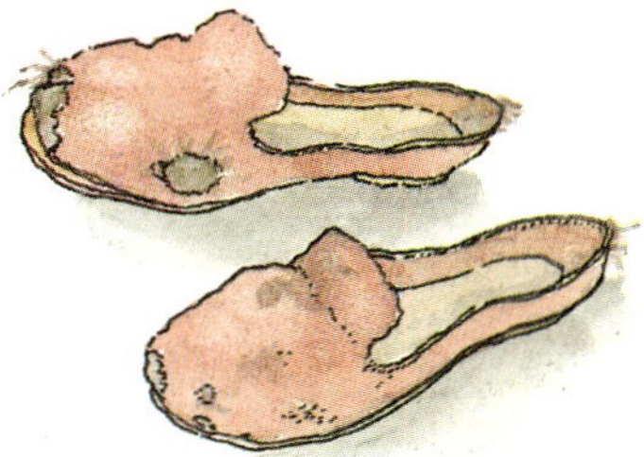

6. **Schlappen**
sind alte Schuhe oder
alte Pantoffeln,
die ausgetragen sind.

IMPRIMÉ PAR OUEST IMPRESSIONS OBERTHUR - RENNES
PRINTED IN FRANCE